P9-EKX-650

To the memory of the real Papa and Mama of this story,
John Belton Harper and Margaret Mae Ashworth Harper, and to
their descendants, especially those of Mae Dean Harper Bley,
the child who never forgot the trip up the caprock— Jo Harper and Josephine Harper

For Robin, who's keen eyes see what I miss— Craig Spearing

The publisher thanks Ralph Tachuk for his continuing support.

Como los perros de la pradera

First Published in 1998 by Turtle Books

For information or permissions, address:
Turtle Books, 866 United Nations Plaza, Suite 525
New York, New York 10017

Cover and book design by Jessica Kirchoff Bowlby
Text of this book is set in Goudy Old Style Roman
Illustrations are from cut linoleum block prints printed on Rives BFK acid-free paper,
which were then colored with a base of watercolors, followed by Prisma colored pencil highlighting.
The traditional American folksong—'Home on the Range'—(page 46) was set as a musical score by Denise Hoff/MediaLynx, Inc.
First Edition
Smyth sewn, cambric reinforced binding, printed on 80# Evergreen matte natural, acid-free paper
Printed and bound in the United States of America

10 9 8 7 6 5 4 3 2 1

Library of Congress Cataloging-in-Publication Data
Harper, Jo. Prairie Dog Pioneers / Jo & Josephine Harper ; illustrated by Craig Spearing. p. cm.
Summary: Because Mae Dean misinterprets her father's actions while journeying to their new home
on the Texas prairie, she begins to feel that he doesn't care for her anymore.
ISBN 1-890515-11-6 (hardcover : alk. paper)
[1. Frontier and pioneer life—Texas—Fiction. 2. Fathers and daughters—Fiction.
3. Moving, Household—Fiction. 4. Texas—Fiction.]
I. Harper, Josephine, 1953- . II. Spearing, Craig, ill. III. Title.
PZ7.H23135Pr 1998 [E]—dc21 98-9678 CIP AC

Distributed by Publishers Group West

ISBN 1-890515-11-6

Como los perros de la pradera

Jo y Josephine Harper
ilustraciones de Craig Spearing
traducción de Guillermo Gutiérrez

Turtle Books
NEW YORK

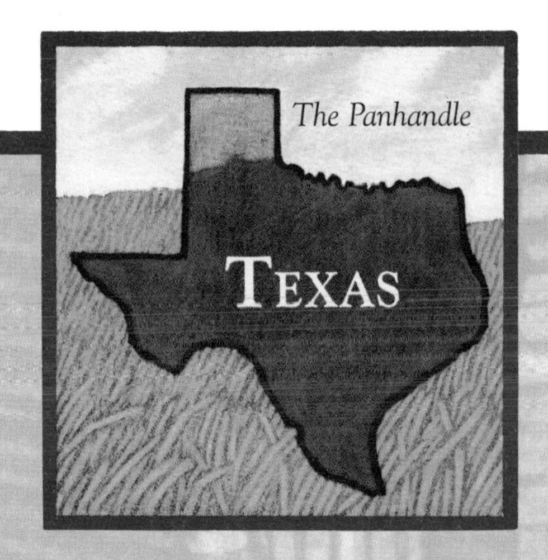

Prólogo de las autoras

La región de Texas llamada Panhandle permaneció vacía hasta casi el final del siglo XIX. La zona no era muy extensa, si la comparamos con el tamaño del resto del estado, pero las dificultades que presentaba eran formidables. Aunque se producían violentas lluvias, el sol y el viento disipaban la humedad, y los períodos de sequía eran muy prolongados. Incluso los comanches y los bisontes, incapaces de sobrevivir en la árida llanura, se limitaban a recorrerla sin detenerse, persistentes y fugaces como el viento.

En 1874, cazadores de bisontes, ávidos de obtener las pieles de estos animales, acudieron a Texas para esperar la anual migración del bisonte a los pastos del sur. Algunos ciudadanos tejanos pidieron a los legisladores en Austin que pusieran freno a los cazadores, pero el general Sheridan se opuso y consiguió imponerse. La caza de bisontes continuó hasta acabar con las grandes manadas.

La desaparición de las manadas de bisontes significó el final del dominio comanche. En 1875, el jefe Quanah Parker se rindió, y las praderas quedaron abiertas. Aún así, no pudieron ser colonizadas hasta que granjeros deseosos de tierras hallaron agua a gran profundidad, y únicamente cuando éstos dispusieron de bombas de agua lo bastante livianas para ser transportadas en carretas pero lo bastante sólidas para soportar los fuertes vientos de la pradera. Sólo entonces pudieron conquistar la tierra, y así lo hicieron —en un tiempo récord.

Nuestros propios antepasados, John Belton Harper y Margaret Mae Ashworth Harper, fueron de los primeros en colonizar la orilla tejana del Red River. John Belton, al igual que sus antepasados escoceses que habían sido expulsados de sus tierras, pensaba que un hombre sólo puede estar seguro si es propietario. A su muerte, le dejó una granja a cada uno de los nueve hijos que tuvo con Margaret Mae.

Su hija, Mae Dean, sólo tenía cuatro años cuando la familia subió a lo alto de la mesa, pero nunca olvidó la imagen del agua precipitándose como una cascada, ni la oscuridad bajo el impermeable, ni el ruido de la lluvia golpeándolo. Nos sentimos agradecidas de que contara la historia, de que su nieto, Carl Bley, la filmara mientras la narraba, y de que ahora tengamos la oportunidad de dar a conocer ese relato a ustedes, amables lectores.

—Jo y Josephine Harper

—¡Papá! ¡Papá! ¡Ya has llegado! —Mae Dean Ashworth saltó de su columpio y echó a correr por el camino. Sintió que la levantaban bien alto y que un cálido abrazo la envolvía. Le encantaba el olor de su padre, a heno, a caballos y a cuero.

—¿Cómo está mi niña de ojos azules?

Mae Dean era la única de la familia que se parecía a su padre, y eso le gustaba. Él era su héroe.

La señora Ashworth llegó y le dio un beso a su esposo.

—Ya está hecho, Margaret Mae. Compré el terreno.

Jim, Hollis, Reed, Franklin y Leo —los hermanos mayores de Mae Dean— llegaron corriendo.

—Muchachos, ahora tenemos nuestra propia tierra y de ahí nadie nos podrá echar. Ya he puesto una bomba de agua. ¡Prepárense para la mudanza!

¿Mudanza? La alegría de Mae Dean desapareció como agua en suelo reseco. Reed se echó a reír: —Pioneros… como los perros de la pradera. Eso es lo que vamos a ser —dijo.

Reed siempre estaba bromeando, pero Mae Dean pensó que su chiste no tenía gracia. Los perros de la pradera eran como ardillas que vivían bajo tierra. Eso de ser como los perros de la pradera no tenía sentido.

Al día siguiente, por la tarde, Mae Dean se sentó en su columpio, a la sombra. Sentía el roce de la hierba en los pies y podía oler la madreselva y las rosas de su madre.

¿Cómo iban a abandonar a sus amigos y la casa con el vidrio de colores en la entrada? ¿Qué pasaría con las flores de su madre? Mae Dean sabía que su madre tampoco quería marcharse.

Su padre no entendía.

Esa semana, el señor Ashworth vendió la casa y los muebles. También vendió la calesa y el caballito trotador que tiraba de ella. Luego compró caballos grandes y fuertes y un carromato cubierto. También sus amigos, los Mathis y los Barton, compraron carretas cubiertas. Todos iban a viajar juntos.

Por las noches, después de la cena, Mae Dean se sentaba sobre las rodillas de su padre, que hablaba de ganado y cosechas con el hijo mayor, Jim.

—Es tierra fértil —comentaba el señor Ashworth—. Llana y limpia.

Mae Dean deseaba decir: "¡No me obligues a mudarme!", pero no lo hizo. No podía decirle eso a su padre.

Una mañana, antes de que saliera el sol, dejaron su hogar en Estelline. El padre de Mae Dean manejaba la carreta, y la madre iba sentada atrás. Mae Dean y su hermano menor, Leo, se acurrucaban en unas colchas. Los hermanos de en medio —Hollis, Franklin y Reed— montaban en sus ponis. Y mucho más lejos, detrás de los Mathis y los Barton, iba Jim, el hermano mayor, manejando una carreta con provisiones. El grupo viajó varias horas.

—Paremos a comer —le pidió Mae Dean al señor Ashworth.

Éste negó con la cabeza. —Mira esas nubes de tormenta. Tenemos que alcanzar la mesa antes de que llueva.

Pero pronto grandes gotas de lluvia empezaron a caer. El señor Ashworth frunció el ceño.

Llegaron a un lugar donde el terreno se elevaba frente a ellos como una pared. Habían alcanzado la base de la mesa. El señor Mathis le hizo una seña al señor Ashworth. Mae Dean oyó a los hombres hablando. Su padre decía: —Tenemos que subir a la mesa. Esta lluvia puede producir una crecida.

El señor Mathis gritaba: —¡No podemos subir con las carretas por esa pendiente! Tenemos que esperar a que pare la lluvia.

El padre de Mae Dean le respondió, dejándose oír sobre el viento y la lluvia: —Mis caballos son fuertes. Voy a subir.

El señor Ashworth hizo restallar el látigo. Cuando el carromato avanzó, lo hizo restallar de nuevo, una y otra vez. Mae Dean se cubrió el rostro. No podía soportar que su padre lastimara a los caballos.

—No los está golpeando —le dijo su madre al oído—. Hace restallar el látigo cerca de la cabeza de los caballos para que puedan oírlo por encima del ruido de la tormenta. El ruido del látigo les dice que deben ir más deprisa.

El agua descendía por la ladera, y los caballos se apresuraron a ir a su encuentro.

Entre la lluvia, Mae Dean vio al señor Mathis acercarse a caballo a su carromato.

—Ashworth, ¿te has vuelto loco? —gritó—. Este carro va a volcar. Los vas a matar a todos.

El padre de Mae Dean se puso de pie e hizo restallar el látigo. La carreta dio una sacudida hacia delante. Mae Dean sintió un acaloramiento. El corazón le latía más rápido de lo que caía la lluvia. ¿Cómo podía su padre hacer algo así?

El señor Mathis gritó: —¡Dean Ashworth, no voy a dejar que mates a la pequeña!—, y se inclinó hacia el carromato.

De repente, Mae Dean notó que la levantaban. La fría lluvia la golpeó; luego, todo se volvió oscuro y seco. Estaba bajo el impermeable del señor Mathis. El caballo resbaló y se enderezó. Mae Dean advirtió que estaban ascendiendo. Debían estar subiendo la ladera de la mesa.

El señor Mathis la sujetaba con su fuerte brazo, cuidándose de que estuviera segura. Su padre era quien debía haberse preocupado de eso.

La lluvia golpeaba con fuerza en el impermeable, y Mae Dean sintió ganas de llorar.

Mae Dean oyó la voz de su padre: —Mathis, te dije que conseguiría llegar arriba. Ahora podemos unir estos caballos al tiro de las otras carretas.

El señor Mathis levantó su impermeable y, con cuidado, puso a Mae Dean en los brazos de su madre. El rostro de ésta estaba húmedo por la lluvia y, por un momento, Mae Dean pensó que las gotas eran lágrimas. Las dos vieron cómo las otras carretas subían a unírseles dando bandazos.

Cuando la lluvia cesó, el aire quedó fresco y fragante. La curva de un arco iris recorría el cielo, y la pradera se extendía ante ellos.

En todas direcciones no había más que hierba y cielo. Ni casas, ni cercas, ni árboles, ni ríos, ni colinas; el color pardo verdoso de la hierba de la pradera se extendía hasta unirse con el cielo. En la distancia, unas nubes surgían como montañas.

—Desde aquí puedes ver el límite del mundo —dijo el señor Barton.

—Más allá —comentó la señora Barton—. ¡Puedes ver el fin de la eternidad!

Mae Dean permanecía cerca de su madre; cuando su padre se acercaba, le volvió la espalda.

Los tres padres de familia y sus hijos varones limpiaron y alimentaron a las caballerías. Luego, los niños jugaron a perseguirse y a hacer piruetas, riéndose cuando caían en algún charco.

Mae Dean no jugó, y tampoco se rió. Lo único que deseaba era sentarse en su columpio, regresar a su hogar en Estelline.

Jim encendió una hoguera con madera del carromato de provisiones. La madre de Mae Dean, la señora Mathis y la señora Barton prepararon maíz y tocino, frieron pan y abrieron dos grandes frascos de jalea.

—Toma, una sorpresa para celebrar que conseguimos subir a lo alto de la mesa sanos y salvos —dijo la señora Ashworth.

—No tengo hambre —le respondió Mae Dean.

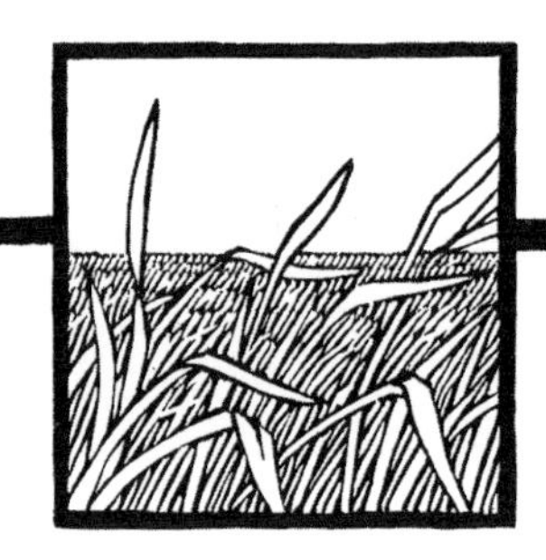

Después de la cena, el señor Ashworth sacó su mandolina.

—Tengo una nueva canción que me gustaría enseñarles. Creo que nos describe muy bien. Se titula "Un hogar en la pradera".

Y empezó a cantar: "Oh, busco un lugar donde vea al búfalo vagar...".

Pronto otros comenzaron a cantar con él: "Un hogar, un hogar en la pradera, donde el ciervo y el antílope juegan...".

A Mae Dean le molestó la canción, porque no quería que la pradera fuera su hogar. Pero a todos los demás les encantó. Todavía había quien seguía cantando cuando Mae Dean se echó a dormir. Acurrucándose cerca de su madre, se tapó los oídos.

Al cruzar la pradera, las ruedas de las carretas dejaban tras de sí estrechas marcas en la hierba. El viento les soplaba en el rostro.

El séptimo día, el señor Ashworth señaló a lo lejos y gritó:

—¡Miren! ¡Ésa es nuestra tierra!

Mae Dean se esforzó por ver algo, pero apenas pudo percibir una forma solitaria que se recortaba contra el cielo. Cuando se acercaron, vio que era la torre de la bomba de agua.

Por fin la alcanzaron, y todos bajaron de los carromatos y se agolparon alrededor del barril de agua.

—¡Lo conseguimos!

—¡Hemos llegado!

Bebieron el agua fresca de la bomba, abrevaron a los animales y se refrescaron los rostros quemados por el viento.

—Éste es nuestro nuevo hogar —le dijo su padre a Mae Dean.

No había un solo árbol donde poner un columpio. Ni siquiera había una casa. Los labios le temblaron a Mae Dean.

—Ahora tenemos que excavar una casa, como hacen los perros de la pradera —dijo Reed.

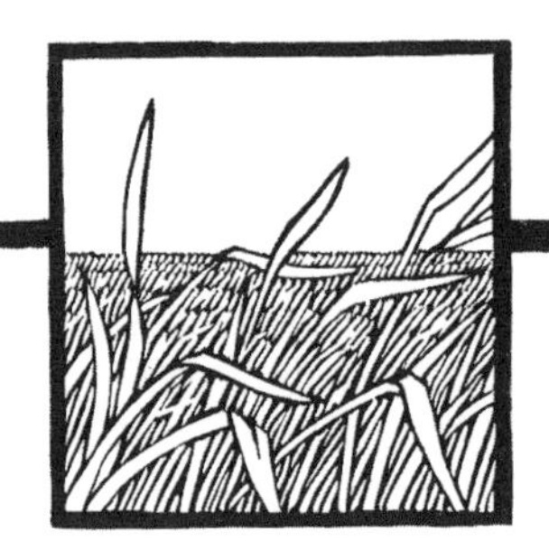

El sol ardía. Mientras los hombres comenzaban a excavar, Mae Dean y su madre se metieron bajo el carromato en busca de sombra.

El señor Ashworth, el señor Mathis y el señor Barton cortaron trozos de césped en grandes cuadrados y los apilaron en un lado. Todos los muchachos ayudaron, sacando tierra con palas hasta hacer un gran agujero, tan profundo como la altura del padre de Mae Dean. Los lados quedaron rectos y las esquinas bien definidas.

El señor Ashworth y los hombres tomaron los cuadrados de césped y los fueron alineando a lo largo de los bordes del agujero hasta formar cortas paredes. Con la madera que habían traído, hicieron una puerta que daba al sur, apartada de los vientos invernales; y construyeron un techo inclinado de tablones y estacas recubierto de maleza, tierra y césped. Trabajando juntos, tardaron casi una semana.

Cuando el refugio subterráneo estuvo terminado, la señora Ashworth encendió una lámpara de queroseno y entró con Mae Dean. El aire olía a humedad y a moho. Trozos de tierra caían del techo.

El señor Ashworth se les unió. Le pasó el brazo por el hombro a su esposa, y le pellizcó la barbilla a Mae Dean.

—Las cosas mejorarán —dijo—. Haremos de este agujero nuestro hogar. Ya lo verán. Algún día, construiremos otra casa.

Mae Dean volvió el rostro.

—Ahora debo irme. Tengo que ir a buscar provisiones y a ayudar a los Barton y a los Mathis a construir refugios en sus tierras —dijo su padre.

Mae Dean subió corriendo los escalones de césped, alejándose de él. Su padre iba a dejarlos solos en un pequeño agujero en esta gran pradera.

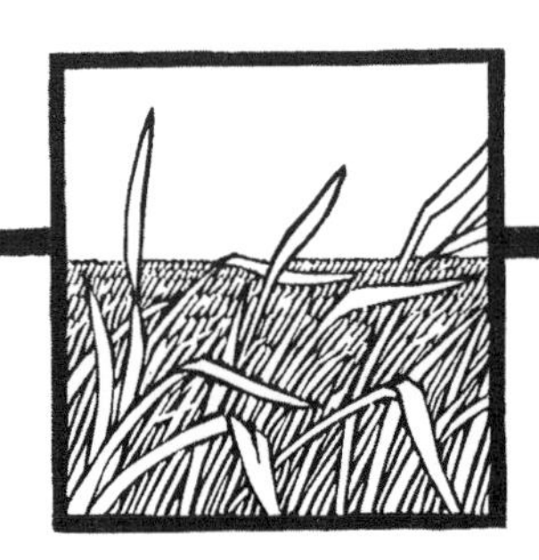

Su madre dijo: —Papá volverá en apenas dos semanas.

Lo decía como si eso fuera poco tiempo, pero a Mae Dean le pareció una eternidad. Mientras su padre estaba fuera, prepararon el jardín, cantando mientras trabajaban, para animarse. Mae Dean cantaba también, pero con la canción nueva, “Un hogar en la pradera”, cerraba la boca apretando los labios con fuerza.

Un día, Mae Dean encontró un claro arenoso en la pradera, por debajo del nivel de la hierba y ligeramente protegido del viento. Se sentó, se quitó los zapatos y movió los dedos de los pies entre la arena caliente, sintiendo su suavidad.

No muy lejos vio a un perro de la pradera que la miraba con su lomo erguido, y oyó unos chillidos excitados. En las cercanías había una ciudad entera de perros de la pradera.

—Nosotros, los Ashworth, somos como ustedes —dijo—. Yo no quería ser un pionero que vive bajo tierra, como un perro de la pradera, pero ya lo soy.

Mae Dean enterró sus dedos en la arena; estaba dura en la superficie, pero suave debajo. Con ella hizo pequeñas casas que formaban una calle. Todas tenían un patio y algunos tallos de hierba que representaban árboles, y en una puso un pequeño columpio. Cuando terminó, el cielo estaba rojo de atardecer.

Su madre estaba fuera, haciendo la cena, cuando Mae Dean regresó a casa. Todas las noches, después de cenar, su madre ponía el oído en la tierra y escuchaba. Esta vez dijo: —¡Viene papá!

Mae Dean y Jim pegaron el oído al suelo. Mae Dean sintió una vibración, luego una pausa, una vibración, una pausa.

Luego, Reed también se puso a escuchar. —¡Son caballos! —gritó.

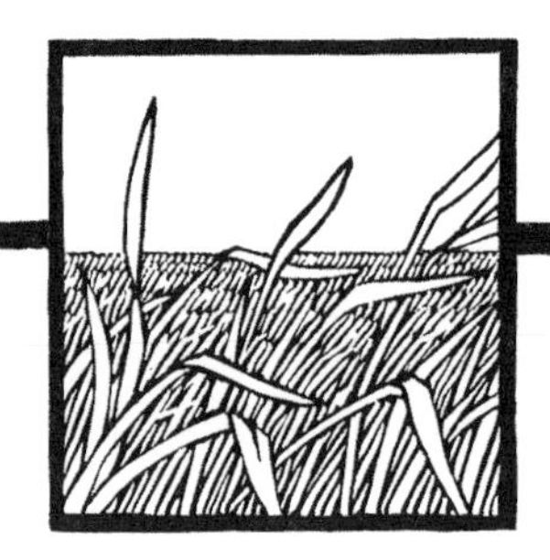

Hacia el norte, el cielo comenzó a oscurecerse. Brilló un relámpago, seguido al poco tiempo por el estampido de un trueno, y gruesas gotas de lluvia empezaron a caer. Todos se apresuraron a entrar al refugio subterráneo, y la señora Ashworth encendió la lámpara cubierta, que Jim puso fuera en un palo para que su padre pudiera encontrarlos.

Durante lo que le pareció un largo rato, Mae Dean esperó abrazándose las piernas y con la barbilla entre las rodillas.

Finalmente, oyeron una voz elevándose sobre el ruido de la lluvia: —¡Hola! ¡Ya estoy en casa!

Jim empujó la puerta y su padre entró con el viento. Estaba empapado.

—¡Por fin! —dijo, sonriéndoles a todos. Mae Dean no le devolvió la sonrisa.

Por la mañana temprano, mientras todos aún dormían, Mae Dean salió furtivamente.

El viento y la lluvia habían cesado; era una mañana clara y silenciosa. Mae Dean corrió por la pradera. Quería ir a ver el pueblo que había construido.

La lluvia se había llevado las casas que ella había hecho el día anterior. En vez de la suave superficie de arena donde había jugado, sólo encontró una charca de agua. Al otro lado, un perro de la pradera lanzó un grito. Mae Dean se sentó y echó a llorar.

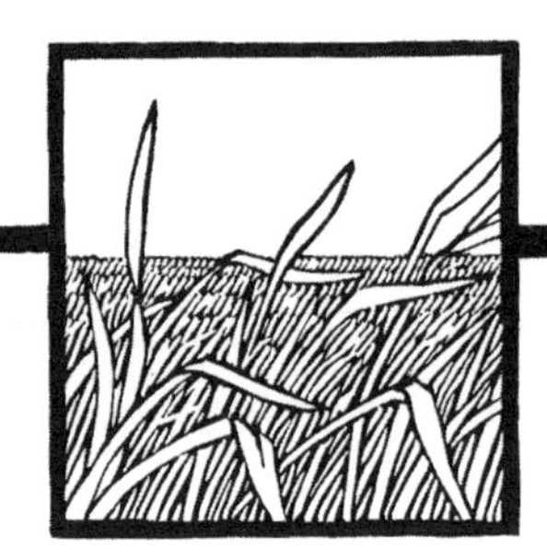

Una sombra surgió frente a Mae Dean. La niña levantó la mirada. Era su padre.

Mae Dean se puso en pie de un salto. —¿Por qué nos trajiste a vivir a este horrible lugar? Ayer construí un pueblo de juguete. Hasta un pueblo de juguete es mejor que nada. Pero ya no queda ni rastro de él. Todo lo que te importa es esta vieja tierra estúpida. Yo no te importo, no te importo nada.

Mae Dean nunca le había hablado a nadie de un modo tan irrespetuoso, y mucho menos a su padre. Se estremeció, pero no podía parar.

—El señor Mathis se preocupa por mí más que tú. Él me protegió cuando subimos a la mesa. A ti ni siquiera te importaba si yo estaba viva o muerta.

El señor Ashworth se agachó y tomó a Mae Dean en sus brazos; la estrechó contra su pecho y la meció suavemente. Olía a heno, a caballos y a cuero.

—¿Puedes decirme por qué el agua se llevó el pueblo que hiciste?

Mae Dean asintió: —Estaba en tierras bajas y la lluvia lo inundó.

—Exacto. ¿Y dónde estábamos nosotros cuando llegó la tormenta, antes de que subiéramos a la mesa?

—En tierras bajas —dijo Mae Dean, comenzando a entender.

—Eso es. Por eso teníamos que subir rápidamente a una zona alta. No quería que el agua se llevara a mi familia.

Mae Dean dejó escapar un suspiro. —No teníamos por qué venir aquí —dijo, en un murmullo—. Donde vivíamos era un buen sitio.

—Es cierto —le respondió su padre—. Pero no teníamos tierra propia. La tierra es más importante que casi cualquier otra cosa. Esta tierra nos mantendrá para siempre. Encontraremos una tierra alta para tu pueblo de juguete.

La pradera verdecía en la pálida luz de la mañana. El cielo inmenso y el horizonte bajo parecían extender el mundo entero a sus pies.

—Algún día, tú y tus hermanos ayudarán a levantar un pueblo de verdad en esta pradera —dijo el señor Ashworth—. Tengo una imagen de ese pueblo. Si lo intentas, también tú puedes imaginártelo.

Mae Dean miró a lo lejos y casi pudo ver un pueblo recortándose contra el cielo. Muy cerca, se oyó el chillido de un perro de la pradera.

Mae Dean y su padre regresaron al refugio. Mientras caminaban, Mae Dean comenzó a cantar en voz baja, y su padre cantó con ella. "Un hogar, un hogar en la pradera…"

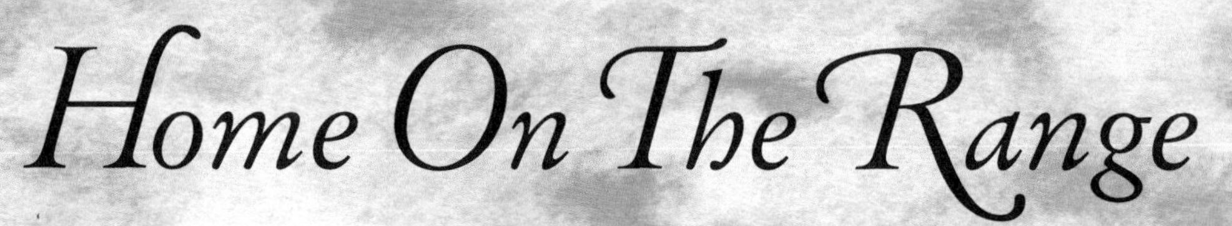

Traditional

1. Oh give me a home where the buf - fa - lo roam, where the deer and the an - te - lope play___ where
2. Oh give me a land, where the bright dia - mond sand, flows___ lei - sure - ly down the clear stream,___where the
3. Oh I would not ex - change, my___ home on the range, where the deer and the an - te - lope play,___ where

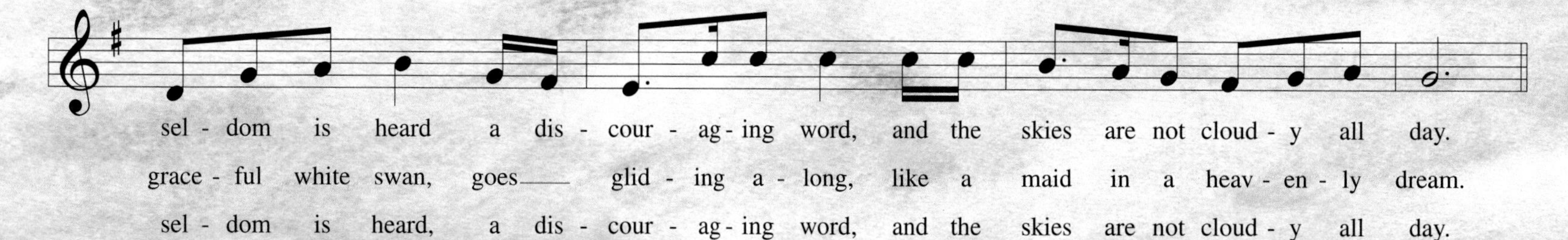

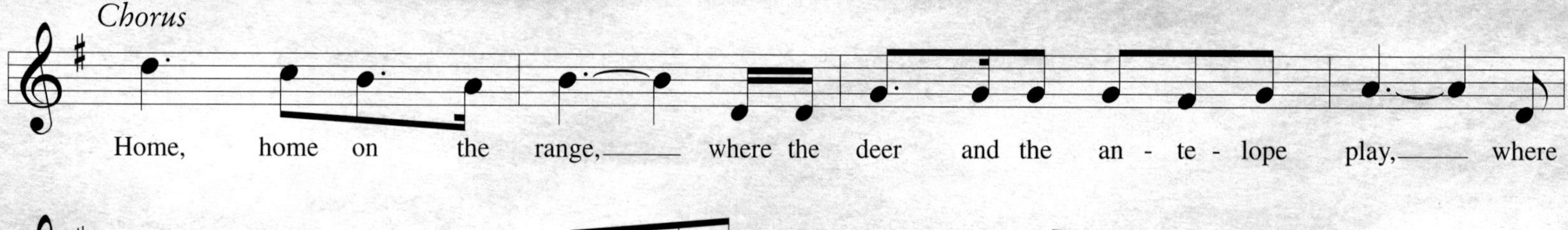

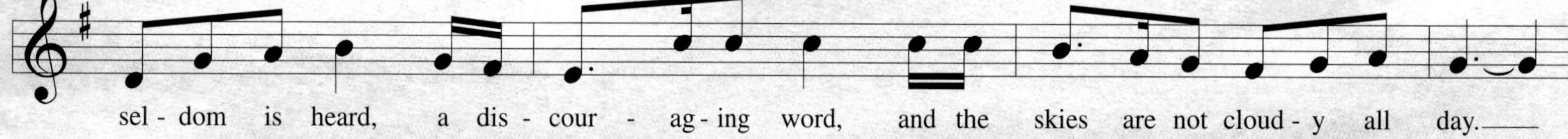